An Weihnachten 2008

Lindau

Peter von Puttkamer

Stadler Verlagsgesellschaft mbH

Inhaltsverzeichnis

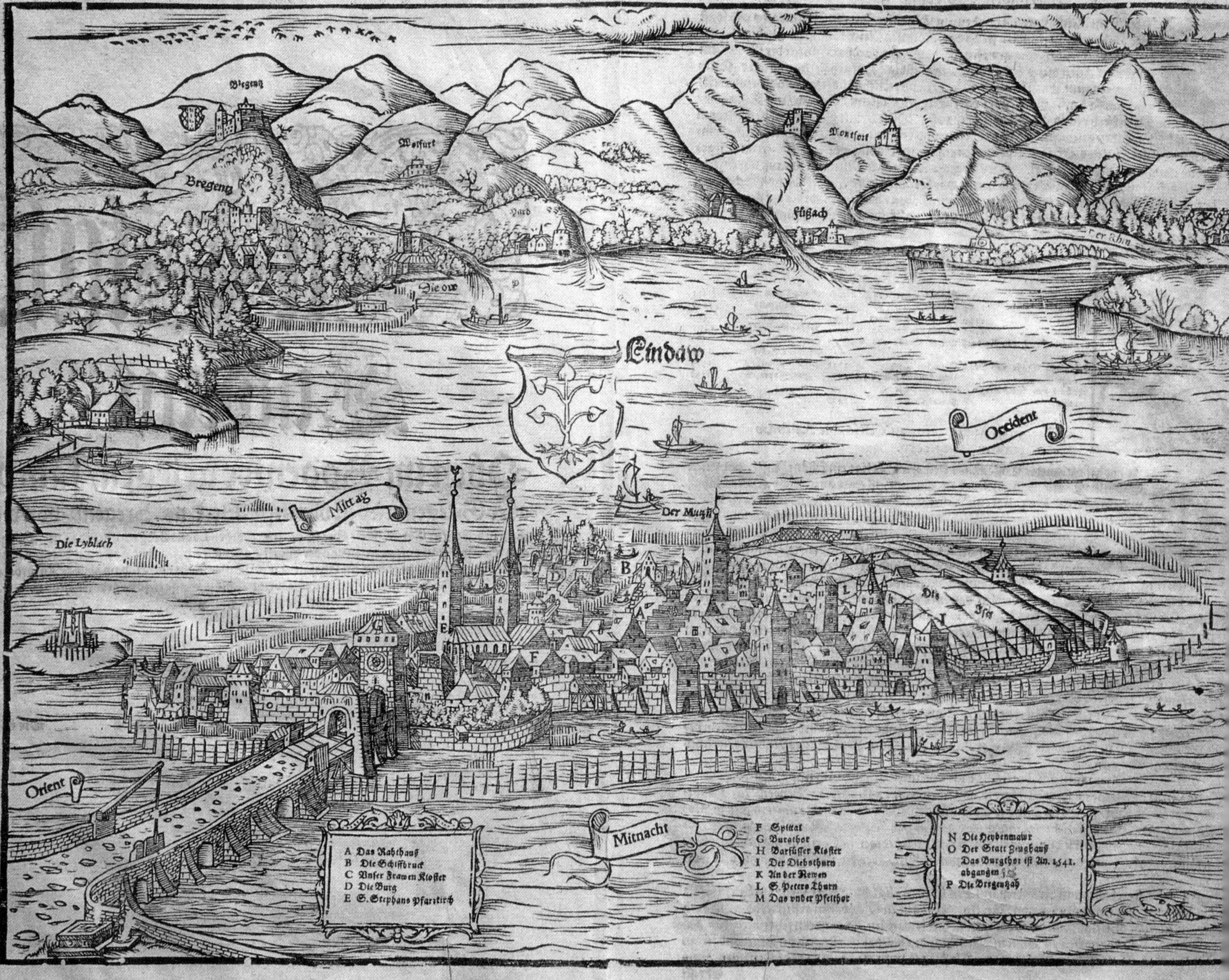
Bregentz
Wolfurt
Bregentz
Montfort
Hard
Fußach
Die ow
Lindaw
Occident
Mittag
Die Lyblach
Orient
Mitnacht
A Das Rahthauß
B Die Schiffbruck
C Unser Frawen Kloster
D Die Burg
E S. Stephans Pfarrkirch
F Spittal
G Burgthor
H Barfüsser Kloster
I Der Diebsthurn
K An der Rewen
L S. Peters Thurn
M Das vnder Pfelthor
N Die Heydenmawr
O Der Statt Zeughauß
Das Burgthor ist An. 1541. abgangen
P Die Bregentzab

An der Nahtstelle von Nord und Süd

Ein Streifzug durch die Lindauer Stadtgeschichte

In Lindau vereinigen sich Landschaft und Geschichte zu einer einzigartigen Synthese. Ausläufer der Österreichischen und Schweizer Alpen und eiszeitlich modelliertes Voralpenland umrahmen den östlichen Bodensee, wo das pittoreske historische Zentrum der (von Füssen abgesehen) südlichsten Stadt Deutschlands auf einer ca. 200 m vom Festland entfernten Insel liegt. Angesichts dieser Konstellation darf sich Lindau zu Recht als das „Happy End Deutschlands" bezeichnen.

Seine Geschichte, die inhaltsreicher als diejenige mancher Großstadt ist, lässt sich bis in das 9. Jahrhundert zurückverfolgen. Der älteste sichere urkundliche Beleg des Namens Lindau, der „mit Linden bestandene Insel" bedeutet, stammt aus dem Jahr 882. Er bezog sich auf ein Frauenkloster, das der Legende nach um 800 von Graf Adalbert von Rätien als Dank für seine Rettung aus Seenot gegründet worden sein soll. Es diente nicht zuletzt dazu, unverheiratete Angehörige des schwäbischen Adels standesgemäß zu versorgen. Da seine Mitglieder keinen strengen Ordensregeln unterworfen waren, spricht man von einem Kanonissenstift, aus dem „frau" zum Zwecke der Heirat wieder austreten konnte. Seine jeweilige Äbtissin war seit 1466 Reichsfürstin.

Auf dem Festland vor der Insel, im heutigen Stadtteil Aeschach, trafen sich seit römischer Zeit wichtige Fernstraßen aus West und Nord. Hier gründete das Stift um 950 einen Markt. Er profitierte nicht zuletzt auch von der Funktion des Bodensees als

Ausschnitt aus der Schwabenkarte „Totius Sveviae novissima tabula" von Janssonius, Amsterdam 1633

S. 4: Die erste realistische Darstellung Lindaus zeigt die Stadt um 1550 und wurde für die weit verbreitete Kosmographie des Sebastian Münster angefertigt (Vorlage: Stadtmuseum Lindau)

1499 malte Albrecht Dürer den Lindauer Patrizier Oswald Kröll, der für die Große Ravensburger Handelsgesellschaft in Nürnberg tätig war. Das Original des Portraits hängt in der Alten Pinakothek in München, eine Kopie im Stadtmuseum Lindau. (Vorlage: Stadtmuseum Lindau)

Verkehrsdrehscheibe, denn bis in das 19. Jahrhundert wurde der Transport zu Wasser demjenigen zu Lande vorgezogen. Der See verband unter anderem die erwähnten Straßen mit den wichtigen Bündner Alpenpässen. Sie waren über das Tal des Rheins zu erreichen, der unmittelbar gegenüber Lindau in das „Schwäbische Meer" mündet.

Als der Markt wegen kriegerischer Zeitläufe um 1079 auf die Insel verlegt wurde, war ein entscheidender Schritt zur Stadtwerdung Lindaus getan. Es entstand eine Kaufmanns- und Handwerkersiedlung, deren regelmäßiger Grundriss bis heute zu erkennen ist. Ihr rascher Aufschwung lässt sich am Reichssteuerverzeichnis von 1241 ablesen. Lindau ist darin deutlich höher veranschlagt als die meisten anderen Handelsorte der näheren und weiteren Umgebung, wie etwa Ulm, Konstanz oder Ravensburg. Seinen Wohlstand verdankte es über Jahrhunderte hinweg dem Transport von Massengütern (Salz, Getreide, Wein, Holz, Leinen) über den See und nicht zuletzt dem transalpinen Handel nach Italien sowie Frankreich. 1213 und 1225 hören wir erstmals von Lindauer Textilkaufleuten in Genua. Um 1500 richtete die Bodenseestadt einen regelmäßigen Kurierdienst nach Mailand ein, den „Mailänder" bzw. „Lindauer Boten". Bis 1826 brachte er Nachrichten, Waren und Personen, darunter 1788 Johann Wolfgang von Goethe, über die Alpen.

Dank der Privilegien Rudolfs von Habsburg (1274/75) und anderer Könige konnte sich die Marktsiedlung aus der Abhängigkeit des Stiftes lösen und den Status einer freien Reichsstadt erlangen, die abgesehen vom König bzw. Kaiser keinem Herren untertan war. Anstelle der Äbtissin waren zunächst ausschließlich die Patrizier – Fern- und Großkaufleute, die sich um 1350 in der Sünfzengesellschaft zusammengeschlossen hatten – tonangebend. 1345 erstritten sich die Handwerker, die sich in acht Zünften organisierten, umfassende Mitspracherechte. Diese wurden jedoch 1551 durch die Eingriffe Kaiser Karls V. in die Verfassungen der Reichsstädte wieder erheblich reduziert.

Das aufstrebende, autonome Lindau war seit 1315 Mitglied in verschiedenen Städtebündnissen, erwarb ein Landgebiet und beherbergte schließlich 1496 als Höhepunkt seiner mittelalterlichen Geschichte einen Reichstag in seinen Mauern. Ein wichtiger Grund, warum Maximilian I. die Fürsten des Reiches bzw. ihre Gesandten gerade in die Inselstadt rief, waren ihre günstigen Verkehrsverbindungen nach Oberitalien, wo sich der König auf einem Feldzug befand.

Knapp 30 Jahre später hielt die Reformation Einzug in die Stadt. 1528 schaffte der Rat die Messe ab. Auf dem Augsburger Reichstag von 1530 unterzeichnete Lindau nicht die „confessio Augustana", der sich die Anhänger Luthers anschlossen, sondern legte zusammen mit Straßburg, Konstanz und Memmingen eine eigene Bekenntnisschrift vor. Dieses so genannte Vierstädtebekenntnis war von den Lehren des Schweizer Reformators Zwingli beeinflusst. Erst nach dessen Tod 1531 orientierte sich Lindau mehr und mehr an Luther.

Die Reformation vertiefte die Kluft zwischen der Stadt und ihren Nachbarn einschließlich des Stifts, die alle katholisch geblieben waren. Der mächtigste unter ihnen, Österreich, suchte während des 30-jährigen Krieges (1618–1648) die Stadt zu rekatholisieren und enger an sich zu binden. Auf dem Westfälischen Friedenskongress konnte es sich jedoch nicht durchsetzen. Dort vertrat der geschickte städtische Diplomat Valentin Heider Lindau und weitere evangelische Reichsstädte erfolgreich.

Von Kampfhandlungen war die Stadt dank ihrer Insellage kaum betroffen. Nur einmal, nämlich zu Beginn des Jahres 1647, war sie belagert worden und zwar durch schwedische Truppen, die jedoch nach zwei Monaten unverrichteter Dinge wieder abgezogen waren. Auf diese Weise blieb Lindau von größeren Zerstörungen verschont. Solche richteten erst die beiden großen Brände von 1720 und 1728 an.

Seit 1796 waren die kriegerischen Folgen der Französischen Revolution in Lindau unmittelbar zu spüren. Österreichische, französische und russische Truppen besetzten nacheinander die Stadt, die sie unterbringen und verpflegen musste. Bis 1798 hatte Frankreich das gesamte linke Rheinufer besetzt, die von dort vertriebenen Fürsten wurden rechts des Rheins mit Reichsstädten und -klöstern entschädigt. Auf diese Weise kamen Stadt und Stift Lindau Ende 1802 an Fürst Karl August von Bretzenheim, den Bruder der vorletzten Fürstäbtissin Friederike. Unzufrieden mit seinem neuen Besitz, vertauschte er ihn bereits im März 1804 gegen ungarische Ländereien an Österreich. Dieses musste Lindau nur zwei Jahre später nach einer Niederlage gegen Napoleon an den französischen Bundesgenossen Bayern abtreten, der bereits seit längerem Reichenhaller Salz über Lindau in die Schweiz exportierte.

Der Übergang an Bayern 1806 hatte weitreichende Folgen. Das ca. 5 000 ha große, von etwa 4 200 Menschen bewohnte Landgebiet mit seinem Kern um Aeschach, Hoyren und Reutin wurde abgetrennt, die Stadt Lindau auf die damals um die 50 ha große Insel mit 2 800 Einwohnern reduziert. Der Zuzug bayerischer Beamter, Militärs und Dienstboten ließ den katholischen Bevölkerungsanteil mehr und mehr ansteigen, bis er nach knapp 100 Jahren den evangelischen überflügelte (1905: 6 530 Einwohner). Schließlich erfuhr Lindau von Bayern aus 1853/54 seine Anbindung an das Eisenbahnnetz. Das neue Verkehrsmittel förderte den Getreidehandel als den zeitweise wichtigsten städtischen Wirtschaftszweig und den Tourismus. Die ersten großen Hotelbauten entstanden in der Nähe des Bahnhofs, der das Gesicht der bislang unbebauten Westlichen Insel tiefgreifend veränderte. Er bildete mit dem 1856 fertiggestellten heutigen Seehafen eine funktionelle Einheit als Schnittstelle der damals modernsten Verkehrsmittel, der Eisenbahn und der Dampfschifffahrt. Als südwestliche Eingangspforte Bayerns erhielt der Seehafen einen besonders repräsentativen Charakter, wovon bis heute Löwe und Leuchtturm zeugen.

Die ersten Touristen waren um die Mitte des 19. Jahrhunderts adlige und großbürgerliche „Sommerfrischler", wie etwa der spätere bayerische Prinzregent Luitpold. Mit ihren herrschaftlichen Villen schufen sie die „Bayerische Riviera". Ihre Keimzelle ist die Villa Lindenhof in Schachen, die der Kaufmann Friedrich Gruber 1842/45 erbauen ließ. Gruber war gebürtiger Lindauer, sein Geld verdiente er aber bezeichnenderweise in Italien.

Der Villengürtel gehört erst seit 1922 zu Lindau. In diesem Jahr wurden die 1808/18 abgetrennten Gemeinden Aeschach, Hoyren (mit Schachen) und Reutin wieder mit der Inselstadt vereint.

Wie den 30-jährigen Krieg so überstand Lindau auch den Zweiten Weltkrieg weitgehend unbeschadet. Als einziger Teil Bayerns wurden Stadt und Landkreis Lindau 1945 nicht den Amerikanern, sondern den Franzosen unterstellt, denn sie bildeten eine Landbrücke zwischen deren Besatzungszonen in Südwestdeutschland und Westösterreich. Lindau unterstand damit nicht mehr den bayerischen Behörden, sondern einem eigens eingerichteten Kreispräsidium, das die Aufgaben einer Landesregierung wahrnahm. 1955/56 endete diese staatsrechtliche Sonderrolle, die man unter anderem zur Gründung der Spielbank (1950) und zur Ansiedlung von Industrie nutzte. In diese Zeit fallen auch die Anfänge der Lindauer Psychotherapiewochen (1950) und der Lindauer Nobelpreisträgertage (1951), die nun seit mehr als 50 Jahren alljährlich zum Renommé Lindaus als Tagungsstadt beitragen.

1976 wurden die Dörfer Ober- und Unterreitnau eingemeindet. Dadurch vergrößerte sich die Stadtfläche um fast das Doppelte auf ca. 3 300 ha. Davon entfallen nur 68 ha auf die Insel, wo heute kaum mehr als 11 % der Lindauer leben: 2 800 von insgesamt 24 600. Ungeachtet dessen ist die Insel das Herz der Ferienstadt geblieben. Für viele Touristen aus dem Süden ist sie die erste Station in Deutschland, umgekehrt legen viele Deutsche, die nach Italien fahren, hier eine Rast ein. So hat die Stadt bis heute ihre Rolle als Nahtstelle zwischen Süden und Norden bewahrt. 2002 wurde diese Funktion mit der Gründung eines Mittelmeerbüros durch die Industrie- und Handelskammer unterstrichen. Es ist im Luitpoldpark untergebracht, einer ehemaligen Kaserne auf der Westlichen Insel, die seit 2001 als anspruchsvolles Dienstleistungs- und Fortbildungszentrum genutzt wird. Mit ihm wie mit anderen Projekten stellt sich Lindau den wirtschaftlichen und gesellschaftlichen Anforderungen der Zeit gemäß der Devise „Stadt mit Geschichte – Standort mit Zukunft".

Heiner Stauder

Fürstäbtissin Friederike von Bretzenheim (1771-1816) verdankt ihren hohen Bekanntheitsgrad Horst Wolfram Geißlers Roman „Der liebe Augustin". Nach achtjähriger Amtszeit verließ sie 1796 das Stift, um zu heiraten. (Vorlage: Stadtmuseum Lindau)

Lindau

Der Hafen – Wahrzeichen der Stadt

Exklusive Hotels und der Alte Leuchtturm aus dem 13. Jahrhundert prägen den östlichen Teil der Hafenpromenade

Über Jahrhunderte hinweg war der Seehafen für die Wirtschaft Lindaus von zentraler Bedeutung. Daran erinnert noch der Alte Leuchtturm, der auch Teil der Stadtbefestigung war. Seine Bezeichnung „Mangturm" stammt von den Tuchhallen, die sich einst in seiner Nachbarschaft befanden. In reichsstädtischer Zeit war der Hafen offen. Erst die bayerischen Behörden grenzten 1812 mit steinernen Molen ein eigenes Becken vom See ab. Nachdem 1854 die Eisenbahn die Insel erreicht hatte, wurde es auf seine heutige Größe (ca. 4 ha) erweitert. 1856 war der neue Seehafen fertiggestellt, und seitdem flankieren der 33 m hohe Neue Leuchtturm und der 6 m hohe bayerische Löwe seine Einfahrt. Beide dienten König Maximilian II. von Bayern nicht zuletzt dazu, die südwestliche Eingangspforte seines Reiches repräsentativ auszugestalten.

Links: Der Löwe als bayerisches Wappentier macht jedermann deutlich, dass es sich bei Lindau um den bayerischen Zugang zum „Schwäbischen Meer" handelt. Rechts: Den westlichen Teil der Hafenpromenade dominiert der 1911–1922 errichtete Hauptbahnhof. Vor ihm haben zwei Personenschiffe festgemacht, darunter der einzige Raddampfer auf dem Bodensee, die „Hohentwiel"

Unten: Der Yachthafen des „Lindauer Seglerclubs"

S. 8: Herzlich Willkommen in Lindau!

Annäherung vom See aus

Wer die Insel Lindau mit dem Schiff erreicht, der ist im ersten Moment an Venedig erinnert. Der Löwe mit dem Leuchtturm, die herrschaftlichen Gebäude, die hohen Türme und mittelalterlichen Dachgiebel, die Eingänge in schmale Gassen und Straßen lassen die Fortsetzung von Wasserwegen im Inselbereich vermuten.

Tausende von Glühbirnen verzaubern bei Dunkelheit den Hafen in eine Märchenkulisse. Die Passagiere auf den Schiffen werden schon aus weiter Entfernung von dieser einmaligen Beleuchtung ergriffen und können es kaum erwarten, bis sie in das Lichtermeer eingetaucht sind. Der Blick von den nahegelegenen Bergen auf das beleuchtete Lindau in den Abend- und Nachtstunden bleibt unvergessen.

S. 10: Märchenkulisse aus 1001 Nacht

Oben: Ankerplätze der Bodenseeflotte und Liegeplätze der Sportboote

Links: Auf der Mole zum Neuen Leuchtturm

Rechts: MS „Karlsruhe" sticht in See

Internationaler Treffpunkt

Am Seehafen treffen sich Urlaubsgäste, Tagesausflügler und Kongressgäste aus aller Welt. Musiker, Maler und Kunsthandwerker bringen Fröhlichkeit, Stimmung und Farben auf die Promenade. Von den sonnigen Terrassen der Restaurants, aber auch aus schattigen Plätzen bietet sich ein Flair, das mit der Kulisse des Sees und der naheliegenden Berge alle Menschen bezaubert.

Ein 6 Meter langer Zopf mit roter Schleife am „Mangturm" kündigt Märchenstunden für Kinder und Erwachsene in der Stube des Alten Leuchtturms an.

Einmal im Jahr gehört der Lindauer Seehafen der Jugend für den traditionellen Kinderflohmarkt.

Oben links: Ein Malermotiv

Oben Mitte: Terrassen am „Kapitänsfriedhof"

Oben rechts: Schöne Hotels am Seehafen

Unten rechts: Kinderflohmarkt

S. 12: Wer einmal da war, möchte nicht mehr weg

Maximilianstraße

Das Herz der Stadt – Das Alte Rathaus

Links: Der Giebel des Neuen Rathauses mit 24 Bronzeglocken

Rechts: Das Innere des Verkünderkers ist geprägt von der 1885/87 durchgeführten Restaurierung

S. 14: Altes und Neues Rathaus (letzteres rechts) gruppieren sich um den Bismarckplatz, den ehemaligen Brotplatz

Unübersehbar verkörpert das Alte Rathaus bürgerliches Selbstbewusstsein. Der repräsentative spätgotische Bau wurde in seinem Kern zwischen 1422 und 1436 an der Stelle eines Rebgartens errichtet. Das heutige Aussehen der Fassaden geht auf die tief greifende Renovierung der Jahre 1885 bis 1887 zurück, die von dem Münchener Architekten Friedrich von Thiersch, einem bedeutenden Vertreter des Historismus, geleitet wurde. Er zog den Maler Josef Widmann hinzu, der die beiden Giebelseiten vor allem mit Szenen aus der Lindauer Geschichte schmückte. Im ersten Stock schlägt das Herz der Stadt, denn im großen Ratssaal, einem durch Größe und originaler Holzverkleidung beeindruckenden Raum der Spätgotik, tritt bis heute der Stadtrat zusammen.

Bescheidener gibt sich das benachbarte Neue Rathaus, ein barocker Bau (1706/1717), in dem bis 1926 die Stadtverwaltung untergebracht war. Seit 2003 beherbergt es auf Initiative des Verkehrsvereins das Lindauer Glockenspiel, das zweimal am Tag bekannte Melodien erklingen lässt.

Zeugnis glanzvoller Geschichte

An der Südfassade des Alten Rathauses erinnert ein bunter Bildfries an den Lindauer Reichstag, der 1496 im Rathaus zusammengetreten war. Zu sehen sind die Ankunft des ranghöchsten Teilnehmers, Philipps des Schönen von Burgund, Sohn König Maximilians I., sowie ein Portraitmedaillon des Reichserzkanzlers Berthold von Mainz, der die Versammlung auf Grund der Abwesenheit Maximilians geleitet hat.

Oben links: Über der Tür, die zu Stadtarchiv und Stadtbibliothek führt, hält ein Engel zwei Schilde. Einer trägt das „redende" Wappen der Stadt Lindau, eine Linde, der andere den kaiserlichen Doppeladler als Symbol der reichsstädtischen Autonomie

Oben rechts: Auf diesem Ausschnitt des Bildfrieses erwarten die Lindauer – darunter Bürgermeister, Äbtissin und Geistlichkeit – Philipp den Schönen

S. 16: Südseite des Alten Rathauses und Lindavia-Brunnen

Der Eingang an der Südseite führt zu Lindaus historischer Schatzkammer mit Stadtarchiv und ehemals Reichsstädtischer Bibliothek, die ca. 15 000 Bände aus der Zeit vor 1800, darunter kostbare Handschriften, Wiegendrucke und Prachtausgaben, umfasst.

Den Reichsplatz vor dem Rathaus schmückt seit 1884 der von Thiersch entworfene Lindavia-Brunnen. Die Frauengestalt auf dem Podest („Lindavia") personifiziert die Stadt Lindau. Sie wird umgeben von vier sitzenden Figuren, die einst wichtige Wirtschaftszweige der Stadt symbolisieren (Fischerei, Getreidebau und –handel, Obst- und Weinbau, Schifffahrt und Handel).

Valentin Heider (1605–1664), städtischer Diplomat und Vater des Kinderfestes, schaut auf den „Mailänder Boten" herab, der 1989 wiederbelebt wurde und seitdem einmal im Jahr über den Splügenpass die Alpen überquert

Die Maximilianstraße

Der zentrale, nach dem bayerischen König Maximilian II. benannte Straßenzug verläuft in west-östlicher Richtung auf einem hochwassersicheren Höhenrücken. Auf ihm haben sich nach Verlegung des Marktes von Aeschach auf die Insel die Kaufleute als erstes niedergelassen und hier wohnte über Jahrhunderte hinweg ein Großteil der Fernhändler. Daran erinnern noch zahlreiche Kranluken bzw. –gauben. Die meisten Häuser stammen aus dem 16. und 18. Jahrhundert. Die Brotlauben gehen sogar ins 14. Jahrhundert zurück und zählen damit nicht nur zu den malerischsten, sondern auch zu den ältesten Wohnbauten auf der Insel. Die Laubengänge, die sich hier und an anderen Häusern der Straße finden, sind eine Eigentümlichkeit der einstmals wichtigsten Verkehrsachse der Stadt, die seit ihrer Umwandlung in eine Fußgängerzone 1972 zur Flaniermeile für Einheimische und Gäste geworden ist.

S. 18: Die Flaniermeile

Oben: Liebevoll hergerichtete Häuser im Osten der Maximilianstraße

Unten links: Im Schaufenster einer Weinhandlung spiegeln sich die Brotlauben

Unten rechts: Das Ostende der Maximilianstraße, der Alte Markt, mit dem Gasthaus zum Sünfzen (rechts), der ehemaligen Trinkstube der gleichnamigen Patriziergesellschaft

MEDITERRANEO
MITTELMEER-SPEZIALITÄTEN
Lederer's Leuchtturm
HOTEL
LINDAUER HOF

Stille Gassen und Winkel

Von der Maximilianstraße zweigen mehrere Gassen nach Norden und Süden ab und verbinden sie mit ihren beiden Parallelstraßen, der „Grub" im Norden und der Ludwigstraße im Süden, die wiederum nach einem bayerischen König, Ludwig I., benannt ist. Beide sind nicht nur deutlich schmaler als die Maximilianstraße, sondern liegen auch deutlich tiefer – ein Hinweis darauf, dass hier das Bauland vielfach dem versumpften Seeufer abgerungen werden musste.

In den Vierteln abseits der Maximilianstraße wohnten vielfach weniger betuchte Handwerker, an die noch Namen wie Fischergasse oder Gerberschanze erinnern. Ihre Häuser sind kleiner und verwinkelter als diejenigen der Kaufleute, in ihren Gassen und Winkeln geht es heute oft ruhiger zu als in der städtischen Flaniermeile. Das gilt besonders für das enge Zitronengässele. Sein Name rührt vielleicht vom Zitronenhandel her, der im 19. Jahrhundert in Lindau betrieben wurde.

Oben: Gelungene Verbindung von Alt und Neu an der Gerberschanze

Unten links: Eine Weinstube im äußersten Westen der Fischergasse mit einem besonders augenfälligen Ausleger

Unten rechts: Das idyllische Zitronengässele

S. 20: Ein Teil der westlichen Ludwigstraße mit einem der vielen in Lindau anzutreffenden Erker (rechts)

Plätze, Brunnen, Grünanlagen

Viele Gassen der Altstadt münden in Plätze, die fast alle mit Brunnen geschmückt sind. Als größter überragt der Neptunbrunnen, der 1840 in der Gießerei Wasseralfingen gegossen wurde, den Marktplatz. Wesentlich filigraner ist der „Augustin-Brunnen" von 1982 am Seehafen. Er erinnert an den 1921 erschienenen Roman „Der liebe Augustin", den der Autor Horst Wolfram Geißler in und um Lindau spielen lässt, und zeigt die beiden Hauptfiguren, den Geigenbauer Augustin Sumser und die Fürstäbtissin Friederike von Bretzenheim.

Auf dem Unteren Schrannenplatz vor dem kaiserlichen Zeughaus von 1508 wurde 1989 der Narrenbrunnen aufgestellt, auf dem die vier Maskengruppen der Lindauer Narrenzunft vertreten sind: die Mostköpfe (Äpfel und Birnen), die Pflasterbutzen, Binsengeister und Kornköfler.

Der nach der Form seines Wasserbeckens benannte Sternenbrunnen bereichert den Stadtgarten vor dem westlichen Eingang zur Altstadt. Abgesehen von einer vierjährigen Unterbrechung (1992 bis 1996) sprudelt der Springbrunnen seit 1925.

Oben links: Bauern und Händler bieten auf dem Marktplatz ihre Waren an

Oben Mitte: Der „Augustin-Brunnen" mit dem Alten Leuchtturm

S. 22: Der Stadtgarten mit dem Sternenbrunnen

Oben rechts: Der Narrenbrunnen auf dem Unteren Schrannenplatz

Unten: Der Paradiesplatz, der seinen Namen vermutlich von einem Klarissinnenkloster führt, mit dem 1992 aufgestellten Bürgerbrunnen

HOTEL GASTHOF STIFT
Alfred Kubin

Nicht nur Löwe und Leuchtturm ...

... auch das „schönste Bürgerhaus am Bodensee", das Haus zum Cavazzen am Markt, zählt zu Lindaus Sehenswürdigkeiten. 1729 als Stadtpalais eines Patriziergeschlechts errichtet, erinnert sein Name an die lombardische Familie Kawatz, die hier um 1600 ansässig war. Seit 1930 beherbergt es die reichen Sammlungen des Stadmuseums. Zu ihnen zählen bedeutende Gemälde und Plastiken von der Gotik zum Barock, Zeugnisse der Stadtgeschichte und der Wohnkultur (bis zum Jugendstil) und eine große Zahl mechanischer Musikinstrumente. Zusätzlich werden jedes Jahr mehrere Sonderausstellungen gezeigt. Sie widmen sich ganz unterschiedlichen Themen, etwa dem Motor des Lindauer Erfinders Felix Wankel (2002) oder dem plastischen, zeichnerischen und graphischen Werk Ernst Barlachs (2004).

Ebenso wenig wie der „Cavazzen" ist der kreisrunde Diebsturm mit seinem spitzen Zeltdach und den vier „Schwalbennestern" zu übersehen. Sein Name spielt auf seine Funktion als Gefängnis an. In erster Linie war er allerdings Teil der Stadtbefestigung, deren Türme zu Beginn des 19. Jahrhunderts fast alle niedergelegt wurden. Der Diebsturm blieb nur dank der Initiative eines engagierten Bürgers, Jakob Götzger, erhalten, der ihn erwarb und später der Stadt vermachte.

Links: Ein Rosenstock an der Stadtmauer vor der der Zwanzigerstraße

Mitte: Bürgerliche Wohnkultur des 18. Jahrhunderts im Stadtmuseum

S. 24: Das Haus zum Cavazzen am Markt mit dem Neptunbrunnen

Rechts: Der Diebsturm wurde im Spätmittelalter an der höchsten Stelle der Insel errichtet; neben ihm die ehemalige Glockengießerei und die Peterskirche

Amadeus
HOTEL GASTHOF S

Die Lindauer Kirchen

Die Kirchen der beiden großen Konfessionen liegen am östlichen Rand des Marktplatzes unmittelbar nebeneinander. Damit bieten sie auf engstem Raum einen eindrucksvollen Kontrast zwischen evangelischer Schlichtheit und katholischer Prachtentfaltung. Beide Kirchen haben mittelalterliche Wurzeln. Die katholische geht auf das romanische Münster des Damenstiftes zurück, das 1728 abbrannte. An seiner Stelle errichtete Deutschordensbaumeister Johann Kaspar Bagnato 1748/52 eine Rokokokirche, deren üppige Ausstattung bis heute beeindruckt. Allerdings handelt es sich bei dem Deckengemälde, das die Himmelfahrt Mariens zeigt, und bei anderen Elementen um Rekonstruktionen, die nach einem erneuten Brand 1922 und nach einem Deckeneinsturz 1987 angefertigt wurden.

Von solchen Schicksalsschlägen blieb die evangelische Stephanskirche verschont. Ihre Anfänge reichen bis ca. 1180 zurück, als für die rasch anwachsende Bevölkerung der jungen Stadt eine neue Pfarrkirche errichtet werden musste. Tiefgreifende Erweiterungen um 1506, der Bildersturm 1530 und zaghafte zeitgenössische Veränderungen 1781/83 prägen im wesentlichen das heutige Erscheinungsbild.

Vor dem Bau von St. Stephan diente St. Peter im Westen der Insel als Pfarrkirche. Der schlichte einschiffige Bau mit eingezogener Apsis stammt im Kern aus dem 11. Jahrhundert und ist damit eine der ältesten Kirchenbauten des Bodenseeraumes. Im Innern haben sich zahlreiche spätmittelalterliche Fresken erhalten. Ein 18-teiliger Zyklus, die Lindauer Passion, stammt von Hans Holbein d.Ä., andere Fresken werden dem Lindauer Mathis Miller zugeschrieben. In der profanierten Kirche wird heute der Toten beider Weltkriege und der Opfer des Nationalsozialismus gedacht.

Oben links: Die 1000 Jahre alte Peterskirche mit ihrem Turm, der 1425 seine heutige Gestalt erhalten hat

Oben Mitte: Die Stephanskirche

Oben rechts: Wandmalereien in der Peterskirche

Unten: Die ehemalige Stiftskirche, die 2002 zum Münster erhoben wurde

S. 26: Die beiden Pfarrkirchen der Altstadt: links die evangelische Stephanskirche, rechts das katholische „Münster unserer lieben Frau", das bis 1802 dem Damenstift als Gotteshaus diente

Tagungen und Events

Als Tagungs- und Kongress-Stadt hat Lindau eine jahrzehntelange Tradition. Die bekanntesten Veranstaltungen sind die Nobelpreisträgertagungen und die Lindauer Psychotherapiewochen.

Die Möglichkeiten für die Gestaltung von Rahmenprogrammen und Organisation von Events sind hier außerordentlich vielfältig und attraktiv.

Oben links: Bayerische Spielbank auf der Insel

Oben rechts: Aus der ehemaligen Luitpoldkaserne wurde 2001 der Luitpoldpark, ein anspruchsvolles Dienstleistungs- und Fortbildungszentrum

Mitte: Internationales Kongress- und Tagungshaus „Inselhalle“

Unten: Saal „Europa“ in der Inselhalle

S. 28: Pulverturm mit Luitpold-Park

MDCCCLVI

Feste

Lindaus großer Rechtsgelehrter und Ratsherr Dr. Valentin Heider war es, der als Vorsitzender des Kirchen- und Schulrates 1655 nach den Schrecken des 30-jährigen Krieges, die damals verwahrloste Jugend zu bessern suchte und damit das Kinderfest begründete. Außer Ermahnungen gab es auch besondere Geschenke an die Kinder und noch heute ist die „Lindauer Butschelle“ als Hefegebäck der Inbegriff des eintägigen Kinderfestes im Sommer.

Im Winter wird in Lindau die Alemannische Fasnacht gefeiert, die Narrenzünfte freuen sich das ganze Jahr auf ihre Hochsaison.

Zahlreiche Freiluftveranstaltungen von Organisationen und Vereinen bieten Geselligkeit und Kommunikation zwischen den Einheimischen und den Gästen aus aller Welt.

Oben: Kinderfestbrunnen in der Bürstergasse

Unten links: Tanz der „Mostköpfe“, Narrenzunft

Unten rechts: Gemütlichkeit beim Hafenfest

S. 30: Feuerwerk mit einmaliger Kulisse

STADTTHEATER LINDAU
SCHAUSPIEL MARIONETTENOPER KONZERT
Barfüßerplatz
STADTTHEATER

Kultur

Das kulturelle Leben in Lindau ist dank öffentlichem und privatem Engagement äußerst vielfältig. Neben Ausstellungen im Stadtmuseum und der ehemals Reichsstädtischen Bibliothek ist das Stadttheater mit hochkarätigen Konzertangeboten und Theatergastspielen ein besonderer Anziehungspunkt. Die Liste großer Schauspieler, die hier in Lindau auf der Bühne stehen, reicht von Maria Becker bis zu Christiane Hörbiger, von Heribert Sasse bis zu Michael Lesch.

Besonderer Beliebtheit erfreut sich die Internationale Kammerkonzertreihe, in der berühmte Musiker wie Thomas Quasthoff, Tabea Zimmermann, Elena Bashkirova, Grigory Sokolov u.v.a. zu hören sind. Auch während des alljährlichen Bodenseefestivals treten internationale Künstler auf, darunter z.B. Christopher Hogwood oder Ton Koopman.

Seit 2000 beherbergt das Stadttheater auch die Lindauer Marionettenoper, die mit virtuosem Spiel das Publikum verzaubert.

Kleinkunst und Kabarett finden in einer Werkstatt-Atmosphäre auf der Hinterbühne, im Zeughaus und im Club Vaudeville statt. Galerien, Theatergruppen, Musik, Kunst- und Kulturvereine bereichern das Angebot der Stadt.

Oben links: Der Lindauer Theatersaal wurde im Stil der Wirtschaftswunderjahre 1950/51 eingerichtet

Unten links: Eine Aufführung der Marionettenoper

Rechts: Musikanten am Lindauer Hafen

S. 32: Das Stadttheater ist in der gotischen Kirche des ehemaligen Barfüßerklosters beheimatet, deren jüngster Bestandteil, der Chor, 1380 fertiggestellt war

SUI-66
GER
3358
SUI-96
0
101
SUI
266
99
GER 516
P7

Sport

Natürlich hat der Wassersport aufgrund der geografischen Lage von Lindau im und am Bodensee eine besondere Bedeutung. Die berühmteste Segelnachtregatta auf dem Bodensee ist die „Rund um“, bei der über 400 Yachten mit Start und Ziel ab Lindau den Bodensee der Länge nach durchqueren und dabei über 110 Kilometer zurücklegen.

Golfspieler finden gleich zwei 18-Loch-Plätze.

Radfahren am Bodensee ist inzwischen kein Geheimtipp mehr, macht aber viel Spaß auf den gut ausgebauten und markierten Radwegen.

Oben: Die Optimistensegler der Bodensee-Yacht-Schule mit dem Raddampfer „Hohentwiel“

Unten links: Rad- und Wanderweg am Giebelbach

Mitte: Golfplatz Schönbühl

Rechts: Oldtimeryacht „Bayern“

S. 34: Start der „Rund um“ vor der Insel

Bäder

Die Vielseitigkeit der Lindauer Bäder mit ihrem südlichen Flair und zum Teil ganz besonderen Charme genießen die Menschen an der Sonnenseite des Bodensees schon viele Jahrzehnte. Ob das Römerbad auf der Insel direkt bei den Häfen, das Lindenhofbad im schönen Lindenhofpark in Schachen, das Strandbad Eichwald mit seinem beheizten Becken und Attraktionen oder das Freizeitzentrum im Stadtteil Oberreitnau, sie alle bieten das herrliche Panorama der schweizer und österreichischen Bergwelt. Im mediterranen Stil bietet das Spaß- und Vitalbad „Limare" Saunen, Dampfbad und Badefreuden für die ganze Familie.

Oben: Strandbad Eichwald mit Blick auf die Lindauer Insel

Mitte: Auf Pfählen steht das Familienbad Aeschach im Bodensee

Unten: Spaß- und Babybecken im Spaß- und Vitalbad Limare

S. 36: Das Römerbad war bis 1934 den Frauen vorbehalten

Lindau liegt nicht nur im Bodensee

Seit dem Mittelalter verbindet eine Brücke die Insel mit dem Festland, wo sich heute der weitaus größere Teil des Stadtgebietes erstreckt und die meisten Lindauer leben. Lindau zeigt hier ein abwechslungsreiches Gesicht. Im Ortsteil Schachen erstreckt sich am Bodenseeufer die „Bayerische Riviera", ein Villengürtel, der in den Jahrzehnten vor dem Ersten Weltkrieg entstanden ist. Im Stadtteil Reutin trifft man auf Spuren traditionellen bäuerlichen Lebens, vor allem aber auf Gewerbe, auf Industrie und auf ein modernes Einkaufszentrum.

Oben: Die 1842/45 erbaute Villa Lindenhof, eine Keimzelle der „Bayerischen Riviera", beherbergt heute die „Friedensräume", ein „Museum in Bewegung" der katholischen Friedensbewegung „Pax Christi"

Mitte: Das exklusive Hotel Bad Schachen an der „Bayerischen Riviera" ist seit 1752 im Familienbesitz. Seine heutige Gestalt entstand in mehreren Bauphasen zwischen 1909 und 1937

Unten links: Der 2000 eröffnete „Lindau-Park" am Berliner Platz hat sich rasch zu einem Mittelpunkt des festländischen Lindau entwickelt

Unten rechts: Ein Förderverein hält mit dem Bauernhof „Haug am Brückele" in Reutin bäuerliche Kultur für Jung und Alt lebendig

S. 38: Die heutige Seebrücke wurde im Jahr 2000 eingeweiht

Umland

Die Landschaft um Lindau herum ist ländlich geprägt und von der Landwirtschaft gepflegt. Kilometerweite Rad- und Wanderwege, herrliche Luft sowie die Aussicht auf See und Berge lassen die Herzen höher schlagen. Die Einwohner in den Stadtteilen und umliegenden Dörfern leben sehr harmonisch miteinander. Dies spürt auch der Gast.

Links: Nachbargemeinde Weißensberg

Rechts: Stadtteil Oberreitnau

Mitte: Stadtteil Hoyern

Unten: Stadtteil Unterreitnau

S. 40: Halbinsel Wasserburg

Die Frucht reift am Baum und nicht auf dem Transport

Durch das besondere Mikroklima, geschützt durch den Waldgürtel um Lindau herum, hat diese Region in 400 – 500 Metern Höhe über NN ideale Bedingungen für den Obst- und Weinanbau. Dabei ist die Menge natürlich durch das hinter der Waldkette beginnende Allgäu begrenzt. Hier ist das größte Obstanbaugebiet in Deutschland. Die bekanntesten Apfelsorten aus Lindau sind Elstar, Jonagold, Coxorange, Boskop, Gala und Breaburn. Bei den Birnensorten sind es Williams, Conference und Alexander Lukas. Bei den Zwetschgen dominieren die Bühler-, Fellenberger- und die Haus-Zwetschgen. Dazu kommt beim Steinobst die Kirsche. Auf der ca. 5 Hektar großen Weinanbaufläche wächst der Weißwein Müller-Thurgau und der Spätburgunder Rotwein zu einem hervorragenden Tropfen.

S. 42: Typisch bayerisch „weiß - blau“

Oben links: Farbenprächtige Baumblüte

Oben rechts: „Eisblüte“

Mitte: Spätburgunder Rotweintrauben

Unten: Reif für die Ernte

Impressionen durch das Jahr

Das Bodenseeklima ist gekennzeichnet durch warme Sommer und durch relativ milde Winter. Dabei wirkt der See (570 km²) als Wärmeregulator. Er speichert im Sommer die Wärme, um sie dann im Herbst und Winter wieder abzugeben. Die mittlere Jahrestemperatur liegt bei plus 9 Grad Celsius, die maximale bei 32 Grad Celsius und die minimale bei minus 14 Grad Celsius.

Auch wenn öfters ein genaues Datum für den Beginn der Baumblüte nachgefragt wird, ist es der Natur vorbehalten, ihren Rhythmus selbst zu bestimmen. In den Jahreszeiten Frühling, Sommer und Herbst ist Tourismussaison. In den Wintermonaten ist es in Lindau ruhig und beschaulich, aber gerade deshalb eine schöne Jahreszeit für Individualisten und Menschen, die das Besondere suchen.

Oben links: Überzuckertes Ufer

Mitte: Frühlingsgefühle

Oben rechts: Den Wind in den Händen

Unten: Der Lindenhofpark

S. 44: November-Sehnsucht

Winter

Lindau im Winter hat einen ganz besonderen Reiz. Der totale Kontrast zur Lebendigkeit des Sommers übt für viele eine besondere Faszination aus.

Die ruhigen Gassen und stillen Winkel, die außergewöhnliche Spiegelung des Wassers aufgrund des niedrigen Sonnenstandes, die Aussicht auf die verschneiten nahen Berge von Vorarlberg und der Ostschweiz geben unvergessliche Eindrücke.

Auch aufsteigende Nebelschwaden können ein spektakuläres Erlebnis sein.

Links oben: Wenn der Kleine See zugefroren ist

Mitte: Weihnachtsmarkt auf der Insel

Unten: Neuschnee am Hafen

Oben: Der Pulverturm am Spazierweg rund um die Insel

S. 46: Nur Fliegen ist schöner

Impressum

Verlag und Vertrieb:
Stadler Verlagsgesellschaft mbH, 2005
Max-Stromeyer-Straße 172
78467 Konstanz

Bildnachweis:
Alle Bilder von Peter von Puttkamer
außer Luftbild Umschlagrückseite:
Franz Thorbecke

Autoren:
Heiner Stauder, Hans Stübner

Gestaltung und Satz:
Olaf Zeidler, Konstanz

Printed in Germany

Englische Ausgabe
„A Look at Lindau"
ISBN 3-7977-0512-3

Deutsche Ausgabe
ISBN 3-7977-0511-5

Der Verlag dankt herzlich den beteiligten Partnern für Ihre Unterstützung.

BodenseeHafenGesellschaft mbH
Max-Stromeyer-Straße 21 – 29
D-78467 Konstanz
Telefon: +49 (0) 75 31/803 210 oder
+49 (0) 75 31/900 553
Telefax: +49 (0) 75 31/803 240 oder
+49 (0) 75 31/900 555
E-Mail: K.Frommer@Stadtwerke.Konstanz.de
SiggCh@stadt.konstanz.de

Die Erlebnis-Flotte

Bodensee-Schiffsbetriebe GmbH
Hafenstraße 6
D-78462 Konstanz
Telefon: +49 (0) 75 31/36 40-389
Telefax: +49 (0) 75 31/36 40-373
E-Mail: info@bsb-online.de
Internet: www.bsb-online.com

ProLindau
Marketing GmbH & Co. KG
Ludwigstraße 68
D-88131 Lindau
Telefon: +49 (0) 83 82/26 00 30
Telefax: +49 (0) 83 82/26 00 26
E-Mail: info@prolindau.de
Internet: www.prolindau.de

Gut und gern einkaufen!

Lindaupark
Kemptener Straße 1
D-88131 Lindau
Telefon: +49 (0) 83 82/2 77 56-0
Telefax: +49 (0) 83 82/2 77 56-199
E-Mail: info@lindaupark.com
Öffnungszeiten Center:
Mo – Sa 8.30 – 20 Uhr